CATALOGUE

DE

DESSINS ANCIENS

École italienne et autres

BELLES GOUACHES

REPRÉSENTANT

Des Fresques d'après Le Corrège et autres maîtres; des Plafonds, Arabesques, etc.

DONT LA VENTE AURA LIEU

HOTEL DES COMMISSAIRES-PRISEURS

Rue Drouot, n° 5

SALLE N° 3, AU 1ᵉʳ ÉTAGE

Le Vendredi 5 Décembre 1862

À 2 HEURES PRÉCISES

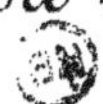

Par le ministère de Mᵉ **DELBERGUE-CORMONT**, Commissaire-Priseur,
rue de Provence, 8,

Assisté de **M. VIGNÈRES**, Marchand d'Estampes,
rue de la Monnaie, 13, à l'entresol, entrée rue Baillet, 1,

Chez lequel se distribue le présent Catalogue.

EXPOSITION PUBLIQUE

Le Vendredi 5 Décembre 1862, de midi à deux heures.

———

PARIS — 1862

ORDRE DE LA VACATION

L'ordre du Catalogue sera suivi.

Cette Collection vient d'Italie. — Le Catalogue nous a
été remis manuscrit.

CONDITIONS DE LA VENTE

Elle sera faite au comptant.

Les Acquéreurs paieront en sus des adjudications
CINQ pour CENT, applicables aux frais.

Les lots ne formant pas suite complète pourront
être divisés

M. VIGNÈRES se charge des Commissions.

NOTA. Toute commission sans prix fixé ou sans limite dé-
terminée sera regardée comme nulle.

M. VIGNÈRES se charge de faire marquer les prix aux
Catalogues des ventes qu'il a faites; les Amateurs qui le dé-
sirent peuvent s'adresser à lui *franco*.

Plusieurs Amateurs éloignés en ont reconnu l'utilité pour
les guider dans leurs achats sur les valeurs des Estampes, et
complètent ainsi le besoin de renseignements vrais, que ne
peuvent faire les comptes-rendus trop restreints des journaux
qui induisent en erreur ceux qui ne peuvent voir eux-mêmes.

(Toute lettre non affranchie ne sera pas reçue.)

DÉSIGNATION

DESSINS ANCIENS

DIVERSES ÉCOLES

1 ANONYMES. Croquis d'enfant, Religieuse, sujet historique.   *1*

2 — Homme et femme, sanguine.   *50*

3 — Tête d'homme, profil, sanguine et crayon.   *o*

4 — Jésus et Pierre, et autre sujet religieux, deux dessins au bistre.   *o*

5 — Sapho? jouant du violon, grande composition.   *4*   *50*

6 — Conversion de saint Paul, bistre.   *o*

7 — Portrait d'abbé. — Hébé. — La Pentecôte. — 3 dessins.   *1*

8 — Étude de bras, crayon.   *o*

9 — Saints et saintes, en bistre.   *1*

10 — Jupiter, plume et encre.   *o*

11 — Mariage de la Vierge, bistre.   *o*

12 — Chevaux, à la plume, d'ap. P. de Laer.   *o*

13 — Tête de vieille, sanguine.

14 — Vieille tenant une fleur, sanguine.   *} 1*

15 — Paysage agreste et avec ruines, **2** dessins à l'encre.

16 — Paysage, crayons noir et blanc.   *} 3*

17 — Intérieur de l'église de Saint-Pierre, bel effet de soleil, à l'encre rehaussé de couleur.

18 — Autre au bistre.

19 — Intérieur de jardin d'une Villa, crayon.

20 — Ruines anciennes, **2** dessins en hauteur, à la plume.

21 — Vue d'un pont, à la plume.

22 **Anonyme**. Portrait d'un peintre russe, crayon noir.

23 **Anonyme**. Joseph et la femme de Putiphar, bistre rehaussé de jaune clair.

24 **Anonyme**. Portrait de J.-B. de Troy, directeur de l'académie de Rome, assis et peignant, crayon noir. — Homme assis fumant, sanguine ; 2 dessins.

25 ARPINO (C. d'). Deux enfants, tête d'homme, 2 dessins sanguine.

26 BAMBOCCIATE. Études de têtes d'homme, au revers Homme assis, sanguine.

— Études de Moines, à la plume.

— Études à la sanguine et à l'encre. 2 p.

27 BAROCHE. Ange agenouillé, à l'encre.

28 — Sainte Famille, saint Joseph offrent des pommes à Jésus, crayon noir.

29 — Tête de vieillard, pastel.

30 — Tête d'homme, pastel.

31 — Tête de femme, pastel.

32 — Tête de femme penchée, pastel.

33 BARTOLOMEO (Fra). L'Enfant Jésus.

— Moïse recevant les Tables de la loi, à l'encre rehaussé de blanc sur papier rougeâtre.

34 BASSAN. Femme avec chaudière à la cheminée, étude pour ses Cuisines, bistre. | 1

35 BATTONI (P.). Études de figures, à la plume. | 1 25

36 BERETTIN DE CORTONE. Sainte Rose de Lima adorant la Vierge et Jésus, bistre. | 2

37 BOTH. Paysage capital avec berger, bistre. | 3 5
— Esquisse de paysage, à la plume.

38 BOURGUIGNON. Cavalcade militaire. — Le Déluge universel. — Combat de cavalerie. 3 dessins à la plume. | 8 50

39 BREUGHEL. Saint en prière, à la plume. | 1

40 CADES (J.). Herminie parmi les bergers. | 5
— Deux Saintes Familles, Sorcière. 3 dessins à la plume.
— Homme et Femme, à la plume; groupe de six figures, à l'encre.

41 CALLOT. L'Assomption, petit dessin au bistre. | 4

42 CARPIONI. Quatre enfants, à la sanguine.

43 CARRACHE (Augustin). Cariatides, sanguine. | 3 50
— Groupe de têtes, à la plume.

44 CARRACHE (Annibal). Saint François, bistre. | 6
— Tête de moine, sanguine.
— Tête de paysan riant, au bistre. | 3

45 CARRACHE (Louis). Présentation au Temple, bistre. | 3

46 CARAVAGGE (M. A. de). Concert de trois figures, plume et bistre. | 2 50

47 CARPI (J.). Tête d'homme avec chapeau, à la plume.

3   48 **CASAS.** Vue en Égypte, avec pyramide.
— Vue à Constantinople.
— Vue en Grèce.
— Vue d'un Volcan.
Ces 4 grands dessins sont au crayon noir.

2 25   49 **CAVALUCCI.** Quatre apôtres à mi-corps, bistre rehaussé de blanc.
— Tête de femme, profil, à la plume.

4 25   50 **CAVEDONE.** Deux Saintes Familles.
— Cavalier montant à cheval, bistre

3 0   51 **CELLINI (Benvenuto).** Fond de coupe, au milieu Neptune entouré de Tritons combattant, au bistre.

15 50   52 **CLERISSEAU, 1762.** Charlatan entre les colonnes d'un temple ruiné, au bistre.
— Riche ruine avec rixe de joueurs, grand dessin au bistre.

7 50   — Anciennes ruines avec figures, ovale.
— Ruines à Rome, 1757. 2 aquarelles.

16   53 **CLERISSEAU.** Belles ruines, deux compositions en travers avec figures, gouaches.

—   54 **CONTI (D.).** Jésus ressuscitant le fils de la veuve, crayon rehaussé de blanc sur papier brun.
— Moïse ayant frappé le rocher, pendant du précédent.

1   55 **CORREGGIO?** Tête de femme dormant, sanguine.

13   56 **DEL SARTO (Vannucchi, dit).** Buste de jeune femme dormant, sanguine.
— Sainte Famille au repos, crayon noir et sanguine.

57 DOMINIQUIN. Sainte Famille , sanguine.

— Tête de jeune homme. — Tête de vieillard, 2 sanguines.

58 DYCK (Van). Tête de femme, étude, crayon.

59 FATTORE (J.-F. Penni , dit le). Sainte Famille , plume et bistre.

60 GELLÉE (Claude Lorrain). Étude d'arbres , à l'encre de Chine.

61 GESNER fils. Cavalier à cheval. 2 dessins à l'encre en pendant en travers.

— Cavaliers à cheval. 2 dessins en hauteur.

62 GEZZI (Séb., dit Osterreich). Buste d'un Moine riant, crayon noir.

63 GHEZZI , dit Osterreich. 19 dessins à la plume , figures de personnages historiques en charge, et 2 gravures. 21 p.

64 GHIRLANDAJO (D. Corradi , dit). Miracle de saint Antoine , lavé au bistre.

65 GIORDANO (Lucas) , peintre. Homme assis, 2 études à la plume et bistre.

66 CRESCENZO , disciple de Ribera. Jésus et saint Joseph, à l'encre.

67 GUERCHIN. Homme agenouillé. — Homme avec manteau. 2 dessins à la plume.

— 3 Guerchin et 1 Guide. 4 dessins.

68 GUERCHIN. Paysages, à la plume. 7 dessins.

69 GUIDO RENI. L'Enfant Jésus, sanguine.

— Chœur d'anges, au bistre.

— Chœur d'anges, sanguine.

70 LE BRUN. Mort que l'on va charger sur un âne.

— Cavaliers et voyageurs. 2 dessins à l'encre.

71 LELIO da Novellara (Orsi, dit). Étude de tête et main, à la sanguine.

72 LÉONARD DE VINCI. Têtes d'hommes grotesques. 2 dessins à la plume.

73 MANGLARD. Marine avec figures et barques, à l'encre de Chine.

74 MANTEGNE. Tête d'homme, sanguine.

75 MARATTE (C.). Homme assis, étude, sanguine.
— La Communion des Apôtres, grand dessin à la sanguine.
— Saint en prière, étude de plis au revers.
— Jupiter foudroyant Phaëton plafond au bistre.

76 MASACCIO da S. Giovanni. Martyre de S. Pierre, lavé au bistre.

77 MASSARI (Luce). Mariage de sainte Catherine, à l'encre rehaussé de blanc sur papier bleu.

78 MELASUSE de Bologne. Groupe d'enfants, à la plume.

79 MICHEL-ANGE BUONAROTI. Pieta surmontant un tombeau, formant autel, plume et bistre.

80 MILANI. Figures symboliques, à la plume.
81 MUGIANO. Saint François en prière, à la plume.

82 OCCHIALI (Gaspard Degli). Intérieurs de cours de ferme, à l'encre de Chine. 2 grands dessins avec figures.

83 PADOUAN (Ottavio-Léoni). Portrait d'homme, crayon noir.

84 PALMA (le vieux). Vierge et Jésus, sanguine.
85 PALMA (le jeune). Les Pestiférés, plume et bistre rehaussé de blanc.

86 PARMESAN. Adoration des Mages, bistre rehaussé
de blanc.
— Adoration des Bergers. — Groupe voltigeant.
2 dessins sanguine.

87 PERUZZI (Bathasar). Le Christ au tombeau, sou-
tenu par deux anges, entouré de religieuses et
autres figures en adoration, à l'encre.
— Adoration des Bergers, au bistre.

88 PESARESE. Enfant couché, sanguine.
— Quatre Saintes Familles, sanguine.
— La Sagesse. — La Crèche, avec gloire d'anges,
à la plume.

89 — PETER (W.). Coq et Poule, grandeur natu-
relle, crayon noir.

90 PIAZZETTA. La Cène, composition en hauteur,
crayon rehaussé de blanc.
— Sainte Marguerite, sanguine.

91 PIRANESI. Vues d'intérieurs, Voûtes à Rome,
plume lavé. 2 dessins.

92 POTTER (P.). Études d'animaux, 4 groupes en
2 dessins au bistre.

93 POLIDORE. Continence de Scipion, bistre rehaussé de blanc, bas-relief.

94 POUSSIN (N.). Soldats romains commettant un
meurtre, au bistre.
— Pyrame et Tisbé ? au bistre.
— Études de figures au crayon pour le frappe-
ment du rocher.

95 RAFFAELLINO DELLE COLLE. Vierge et Jésus
adorés par plusieurs saints, au bistre.

96 RICCI (A.). Ange planant sur la Crèche où se
voient les bergers, à la plume.

97 RIMINALDI (H.). Bossu jouant de la cornemuse.
— Tête de femme orientale dans un cartouche
dans le goût de Labelle. 2 dessins à la plume sur
vélin.

98 ROBERT. Chapiteaux de colonnes.
— Monument voûté en ruines.
— Escalier dans une villa.
— Vue dans un village.
— Statue et figures.
Ces 5 dessins à la sanguine.

99 ROMAIN (Pipi, dit Jules). Bataille navale, bistre
rehaussé de blanc.
— Figure symbolique, bistre rehaussé de jaune-
clair.
— Intérieur de chambre à coucher, jeune fille
écoutant les récits d'une vieille, bistre rehaussé
de blanc.

100 ROMANELLI (J.-F.). Grands-prêtres faisant un
sacrifice, plume et encre.

101 ROSA (Salvator). Belle étude d'arbre, bistre.

102 SABLET. 54 dessins et croquis, crayons, sanguine
et lavé, de charges, portraits, compositions, paysages, sujets mythologiques, etc.

103 — Paysages ronds, gouache et mine de plomb.
2 dessins.

104 SABLET. Grands paysages, au bistre, avec troupeaux, rivière, ermitage, etc. 4 dessins.

105 SACCHI (André). Lycurgue. Petit dessin à la
plume.

105

106 **SANTELLI**. Le Christ descendu de la croix, plume
et bistre

107 **SANTI** (Tite). Adoration des bergers, à l'encre.

108 **SANZIO** (Raphaël). Première pensée de la Bataille
de Constantin qui est au Vatican, avec nombre de
différences importantes, pour point de comparai-
son la gravure au trait de la composition du Vatican, au bas du dessin sont 3 bas-reliefs qui dif-
fèrent aussi de ceux qui furent exécutés; à la
plume et bistre.

109 **SANZIO** (Raphaël). Jupiter baisant l'Amour, qui
est peinte dans la Farnesine, avec quelques va-
riétés, première pensée, au bistre.

110 **SARACINO**. Saint priant pour la fin de la peste,
plume et bistre.

111 **SCORSA** (Sinibaldo). Costumes du moyen-âge,
3 dessins à la plume.

112 **SERMONETA** (J. Siciolante, le). Vierge et Jésus,
bistre rehaussé de blanc.

113 **SUBLEYRAS**. Étude de femme assise, crayon.

114 **TÉNIERS**. Bergers avec troupeaux, à la plume,
lavé.

115 **TOREGIANI**. Paysage avec buffles, à la plume.

116 **TORRE** (Flamine). Saint Jean-Baptiste, sanguine.

117 **TRÉVISANI** Étude d'homme, crayon.

118 **UDINE** (J. de). Cinq dessins à la plume, figures et
animaux.

119 **VAGA** (Perin del). Camp militaire, bas-relief,
bistre.

— Scène d'un ange. — Saint de Tavarone — et
autre de Baudinelli. 3 dessins à la plume.

120 **Vaga** (Perin del). Combat de cavaliers, à la plume.

— Scène de Marchands de volailles. 2 dessins.

— 2 autres dessins et Vénus de C. Maratte, à la sanguine.

121 VAN DE VELDE. Esquisse de paysage, à l'encre.

122 VÉRONÈSE (Paul). Saint évêque entre deux saints, crayon noir.

123 WILLE. Prince donnant des secours à une nombreuse famille de pauvres paysans, à l'encre.

GOUACHES

D'APRÈS LES FRESQUES ET AUTRES

124 — Riche paysage d'une grande étendue avec rivière et bestiaux.

125 — Rivière sur les bords d'un bois avec pont et figures.

126 — Paysage rocheux et montagneux.

127 — Marine avec pêcheurs.

128 — Quatre paysages avec monts et rivières.

129 — Paysages étendus avec montagnes. 2 gouaches.

130 — Paysages avec lac et colline. 2 gouaches.

131 — Pape donnant la bénédiction, entouré de cardinaux, miniature sur satin, non terminée.

132 — Le Lavement des pieds, grande gouache.

133 — Sa Sainteté porté dans sa chaise. — Le Lavement des pieds. 2 gouaches.

RL

134 — Éventail sur peau, avec trois compartiments de figures entre des compartiments de paysage.

92

RCL

135 — Représentation d'une fresque sur peau : Vénus désarmant l'Amour au centre, de l'Aurore et le Soir, entourés d'arabesques, magnifique gouache miniature.

201

136 — Voûtes de Saint-Paul, à Parme ; Diane sur son char, groupes d'enfants dans des treilles, 4 groupes dans chaque avec les grisailles au-dessous, 5 très-belles gouaches.

137 — Fresque de Pompeï avec 10 figures.

138 — Ancien arc romain en ruine.

139 — Le Retour du guerrier, à fond noir.

140 — La Bacchante domptant le Centaure.

141 — L'Éducation, Pan et jeune homme avec amours en frises au-dessous, fond noir.

142 — Composition de cinq figures, au bas Triomphe sur mer, fond noir.

143 — Deux Danseuses et Flore, sur fond noir. 2 gouaches.

144 — Jeune Fille dormant sous l'influence de Morphée, son berger la quitte pour Mars, qui est au ciel.

145 — Triomphe de Silène enfant.

146 — Hercule et Omphale.

147 — Bacchus entre deux déesses, entouré d'arabesques.

148 — Apollon et trois autres figures, fond noir.

149 — Voûte ou Lunette en arabesques, fond rouge.

150 — Plafond à fond rouge, côté de voûte et arabesque. 3 traits gouachés.

AQUARELLES

6 50 {
151 — Piferari.—Vendeur de lait caillé. **2 aquarelles**.
152 — Costume de femme, une corbeille sur la tête. Piferari. **2 aquarelles**.
153 — Costumes de paysans faisant de la musique et buvant.

3
154 — Prière du soir à la Madone, bel effet de lumière. **Aquarelle**.

2 25
155 — Figures avec chevaux, signé Louis Ducros.

8 50
156 — Trois femmes, costumes de Ciociari, à la fontaine. Jolie aquarelle.

5
157 — Femme tenant des fleurs dans un paysage ovale en hauteur, par *M. Thian*, à Rome.

6
158 — Apollon du Belvédère vu à la lumière, signé *Thian*, à Rome, figures agenouillée.

17
159 — Temple de la Sybille, à Tivoli.

2 {
160 — Vue prise du bord de la mer.
161 — Paysage arcadien, avec la mer dans l'éloignement.

4
162 — Ruines anciennes, avec figures.

4
163 — Chute d'eau à Terni. Grande aquarelle.

11 {
164 — Chutes d'eau avec pont. **2 aquarelles**.
165 — La Madone dans les champs, avec figures de voyageurs.

10
166 — Costumes de femmes avec leurs enfants. Aquarelle signé *Tierce*.

4 50
167 — Paysan, femmes, enfants, chèvre et cheval, vigoureuse aquarelle.

168 — Vue du port de Civita-Vecchia. Très-grande aquarelle.   6

169 — Le Forum romain, trait colorié imitant l'aquarelle. (Restes du Temple de Jupiter Stator).   6 ,50

170 — Décoration de Christine, pièce jouée par la cour au Théâtre de Gripshohm, en hiver, 1785; le jardin du comte de Lagardie, avec illumination, acte 1er. — Vestibule de la chapelle du château. Ces deux pièces sont des traits habilement coloriés et gouachés, rehaussé d'or. *Després invenit.*   16

SÉPIAS

171 FRANÇOIS DE CAPO, 1798 à 1800. Paysages à la sépia, avec figures. 16 dessins par couple en pendant, de différents formats.   11

172 HACKERT (Th.). Rome, 1774 à 1776. — Paysages à la sépia. 6 dessins.   6 50

173 KEISERMAN. Rome, 1791 à 1793. — Paysages à la sépia, de divers formats. 13 dessins. Seront divisés.   11 50

174 KUGELGEN (Karl). Tivoli, 1793. — Paysages et arbres, à la sépia. 7 dessins.   11

RENOU et MAULDE, imprimeurs de la Compagnie des Commissaires-Priseurs, rue de Rivoli, 144.   15753

22   Peintre Basse   1
44   tête de paysan Carrache   Lesecq   3
45   Carrache   Lesecq.   3
61   jésmer   2 cavaliers   Despresles   15
112   Sermoneta   Despresles   8
                                                        ____
                                                        30

affiches et affichage   13   1 50
insertion au moniteur des ventes   12
                                                        3 1 50
declaration de vente   ?
Timbres   3
Enregistrement   45 15
Versement en caisse   commune 3%   56 15
Honoraires du Commissaire priseur 3%   56 15
Clerc et Crieur   12
Salle location   26 50
Commissionnaire en gratification   15
Impression du catalogue   50
honoraires de Mr Vigneres   93 10
4 mains chemises   5
transport à l'hôtel   2 50
24 fll. montage dont 1 grande p. Gouache   6
Annonce au Moniteur universel   5   total de la vente
affranchissement de la Poste et distribution du catalogue 12   1772 75
                                             ____
                                             424 45
      à deduire les 5% des acquereurs   88 65   335 80
                                             335 80   ________
19% fait 336.82   1,436 95